La quête du séducteur
ou le messianisme diabolique

Du même auteur

Volute velours, Plaines, 2001

L'ondoiement du désir, Plaines, 2003

Le vertigo du tremble, Plaines, 2005

La Métisse filante, L'Harmattan, 2008

Orpailleur de bisous, L'Interligne, 2010

Marchand d'intensité, L'Harmattan, 2012

Laurent POLIQUIN

La quête du séducteur
ou le messianisme diabolique

ESSAI

[PRIMO MOBILE]

PARIS • SAINT-BONIFACE

© Primo Mobile éditeur, 2012.
primomobile@live.fr
ISBN 978-2-9813095-0-1

La version originale de cette étude a été réalisée en 1999 dans le cadre d'une maîtrise en Études françaises à la University of British Columbia sous la direction des professeurs Réjean Beaudoin et Richard Hodgson. Les remerciements de l'auteur vont tout d'abord au professeur Réjean Beaudoin qui a consacré plusieurs heures à fournir des conseils précieux. Ils vont ensuite au professeur Françoise Gaillard de l'Université de Paris VII qui a accueilli avec enthousiasme la première version de cet essai lors d'un séminaire de recherche. Toutes ces personnes ont apporté des idées stimulantes qui ont enrichi l'étude. Par contre, toute erreur qui aurait pu s'y glisser n'engage que la responsabilité de l'auteur.

On le jeta donc, l'énorme Dragon, l'antique Serpent, le Diable ou le Satan, comme on l'appelle, le séducteur du monde entier, on le jeta sur la terre et ses Anges furent jetés avec lui.

Apocalypse, 12 : 9.

INTRODUCTION

IL FAUT CONVENIR QUE L'AMOUR puisse agir sur les cœurs comme une maladie. Moins au sens physiologique que par la transformation sentimentale qu'il provoque. Belle folie cela va sans dire, jusqu'au moment où la maladie tend à guérir et à disparaître. Guérison pénible pour quelques-uns, quand le tendre amour qui avait réuni deux tourtereaux dissémine ceux-ci aux quatre vents. Mais c'est d'abord tout l'art de la séduction de faire naître l'amour. Quoique nous ne puissions rejeter entièrement l'idée qu'un amour puisse naître sans les charmes d'un séducteur ou d'une séductrice, l'action de séduire joue un rôle important dans la mise en scène de l'amour. Car il s'agit en partie de « mise en scène », de la création d'une ambiance amoureuse, où le sens du discours direct emprunte les détours de la corruption et de l'ensorcellement.

Quels sont alors les mécanismes de la séduction ? Car au nom de l'amour, du plaisir ou de la vengeance, le séducteur vise un but, pour lequel il utilise une technique, une tactique sournoise. La personne séduite subit les affres enivrantes de ce poison de l'amour. Que se passe-t-il alors en elle ? Un piège est posé et elle s'y prend.

Pour comprendre le phénomène, étudions donc le piège, ou plutôt le chasseur qui le prépare, ainsi que le comportement de sa victime. Pour ce faire, nous concentrerons nos efforts sur le mythe de

Don Juan, figure symbolique incontournable pour qui veut découvrir les mystères de la séduction. Car est-il figure de libertin-séducteur plus connue que celle de Don Juan ? L'ampleur de l'exégèse littéraire et musicale à propos de ce libertin relèverait-elle de l'envie ? Sans doute les chercheurs verront toujours dans ce mythe un sujet inépuisable de réflexion, ce qui faisait dire au Don Juan empanaché d'Edmond Rostand : « Qu'attendent du pouvoir tant d'hommes plats et lourds / Que se croire un instant ce que je suis toujours ? » (1921 : 59). En 1978, Jean Rousset dénombrait quatre-vingt-dix-huit versions différentes de ce mythe (1978 : 243-247). Liste incomplète bien sûr, les références au Don Juan étant innombrables. En France, des auteurs aussi illustres que Musset, Gobineau, Baudelaire, Rostand, O.V. de Milosz se partagent différentes visions du célèbre héros, sans mentionner les variantes exploitées dans les récits de Mérimée, Sand, Flaubert, Villiers de l'Isle-Adam, Apollinaire, Colette, Jouhandeau, Louis-René des Forêts, ainsi que Michel Butor. Et chez beaucoup d'écrivains moins illustres, l'on trouverait aisément de quoi conclure à une sorte d'omniprésence intertextuelle du fameux mythe. Toutefois, tous sont redevables au *Dom Juan ou Le Festin de Pierre* (1665) de Molière, lui aussi redevable à la tradition espagnole du mythe de Fray Luis Gabriel Tellez, plus connu sous le nom de Tirso de Molina (1583-1648) qui fixa la trame de la légende dans « El Bulador de Sevilla » (« Le Trompeur de Séville »). Cette longue filiation littéraire semble prendre sa source historique dans le magnifique écrit de repentance composé à la fin du XVIᵉ siècle, intitulé le *Discours de la Vérité* du Seigneur

Don Miguel de Mañara (1627-1679)[1]. Toutefois, notre époque ne se réfère à ce « monument de l'Impiété », qu'à travers l'établissement du mythe dû à Molière, ainsi qu'à sa mise en musique par Mozart. La fréquentation de l'une et de l'autre version nous paraît donc incontournable[2].

Mais d'abord, afin d'élaborer une théorie de la séduction, nous chercherons quelques éléments du discours dans deux célèbres textes où la séduction est mise en relief, soit *Le Triomphe de l'amour* de Marivaux et *Le Journal du séducteur* de Søren Kierkegaard. À l'inverse des autres pièces plus connues de Marivaux (*Le jeu de l'amour et du hasard, Les Fausses confidences*, etc.)

---

[1] *Discours de la vérité*, édition de M. H. Lépicouché, Grenoble, J.Millon, 1990.
[2] Notre traitement du Don Juan s'exercera en contiguïté avec le texte de Molière et l'opéra de Mozart, sans oublier la part du librettiste Lorenzo Da Ponte. Notre part se limitera strictement à ce qui découle de nos prémisses, en laissant de côté par exemple le soin que porte Molière à l'aspect ridicule des « choses saintes », dénoncées par les dévots de l'époque, ainsi que toute la richesse musicale du *Don Giovanni*, qui n'est pas sans liens avec la séduction, mais qui dépasse notre propos.

qui analysent l'amour et en donnent une peinture victorieuse de ses progrès, *Le Triomphe de l'amour* pousse la séduction au centre d'intérêt de la pièce. De même, l'étude du *Journal du séducteur* du philosophe danois nous semble à tout point vue essentiel, notamment puisqu'il s'est interrogé sur les deux versions du Don Juan qu'il admirait beaucoup durant la période philosophique (1843) où il exaltait un esthétisme et un érotisme passionné.

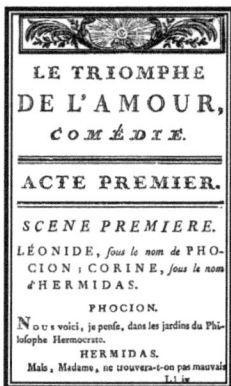

LE TRIOMPHE
DE L'AMOUR,
COMÉDIE.

ACTE PREMIER.

SCENE PREMIERE.
LÉONIDE, *sous le nom de* PHO-
CION ; CORINE, *sous le nom*
*d'*HERMIDAS.

PHOCION.
Nous voici, je pense, dans les jardins du Phi-
losophe Hermocrate.
HERMIDAS.
Mais, Madame, ne trouvera-t-on pas mauvais
L.I.ii

Finalement nous essayerons de voir, après la lecture du petit traité « Les étapes érotiques spontanées » de Kierkegaard, dans lequel il expose ses vues sur le mythe de Don Juan, si, au-delà des techniques du séducteur, ne se dégagerait pas une métaphysique de la séduction contenue dans l'image du Don Juan qui termine ses jours dans les sous-sols infernaux. Cette métaphysique montrerait, selon notre hypothèse, la transcendance de la séduction, annulant les pouvoirs factuels des recettes et des moyens qu'utilise le séducteur digne de Don Juan. Entre la stratégie pratique et l'objectif final s'ouvrirait un écart proprement sans fond, dont le caractère symbolique permet une réflexion féconde sur le pouvoir mystérieux, voire rédempteur, de la séduction.

Don Juan. Gravure d'Alexandre Joseph Desenne (1785-1827)

LA QUÊTE DU SÉDUCTEUR

NI HOMME NI FEMME, le séducteur (entendons aussi la séductrice) est cet autre qu'il crée, qu'il reproduit. Comme quoi il ne se présente jamais lui-même tel un objet de convoitise. Le « Je-séducteur » ne cherche pas à exister pour lui-même et à s'offrir à l'autre. Il propose à la conquête qu'il tente d'apprivoiser ce qu'elle s'attend à recevoir en guise d'amour, soit : rien. Car l'âme conquise ne désire rien d'autre que ce « moi » qui ne désire rien d'autre. Mais déjà elle *désire*. Il ne reste plus qu'à émoustiller et attiser ce *désir de désirer* et à le retourner sur lui-même :

« Je n'existe pas, j'ai cessé d'exister afin d'être à toi » (*Journal du séducteur* : 316). Il n'est rien pour lui-même et ne cherche pas à être quelque chose pour une autre personne, mais à être l'autre de cette autre personne. Il ne présente pas tout à fait un miroir ou un reflet de la personne séduite, dont cette dernière s'éprendrait : il joue un rôle, il crée devant celle qu'il séduit un double d'elle-même, imperfections en moins. Le séducteur n'est pas tout à fait une bouteille vide remplie de l'image de l'autre, il est un plein de comédie, plein des impressions, des signes qui caractérisent les individus (expressions faciales, manières, maintien, intention, comportement, etc.), et c'est de ce matériel symbolique qu'il fabrique ses pièges. Car d'abord il fausse ce qu'il est, il amplifie ce qu'il n'est pas et joue le personnage du désir de ces dames, dont le désir leur est retourné sur elle-même. Le séducteur travaille constamment avec la virtualité de l'amour-propre, case vide d'un désir prêt à passer à l'acte. Les demoiselles ne sont donc pas narcissiques de naissance, mais leur amour-propre est constamment sollicité. Voilà qu'elles tombent.

Le cas Marivaux

Avant de nourrir les spéculations fondamentales que nous venons de poser, rappelons brièvement le motif de l'histoire de la pièce *Le Triomphe de l'amour* (1732), notre premier exemple de l'utilisation du discours séducteur.

Malgré quelques anachronismes, l'action se déroule en Grèce, quatre cents ans avant la venue du Christ. Quatre personnages principaux occupent la scène, dont une séductrice (d'abord Léonide et ensuite Phocion), qui prend les habits d'un homme pour parvenir à ses fins. Les trois autres personnages appartiennent à un cercle de philosophie (Hermocrate le philosophe ; Léontine, sœur de celui-ci ; Agis, noble jeune homme, qui fut éduqué par ce couple de sages), qui rejette entièrement les sentiments de passion, tel que celui de l'amour, au profit d'une vie gouvernée par la raison, comme le connaissaient les stoïciens antiques. Phocion, en amour avec Agis, désire le séduire, mais elle appartient à une famille en opposition depuis longtemps avec la sienne. Ce prétexte à l'histoire motive un travestissement de sa part, ainsi qu'une action séductrice envers les deux autres personnages (Hermocrate et Léontine) qui forment un obstacle au rapprochement souhaité avec le jeune prince Agis.

Pour séduire, la princesse Léonide du *Triomphe de l'amour* se travestit en Phocion, personnage masculin. Se faire passer pour une autre, pour un autre, tromper finalement, c'est jouer un personnage fictif. Elle cherche d'abord à séduire Agis, mais le cours des événements la détourne de ses premières intentions. En mettant à profit son art, elle piégera deux autres individus.

Elle fait donc entrer son personnage dans le monde de l'apparence. Elle n'est pas Léonide, mais Phocion ; lorsqu'elle n'est plus Phocion, elle emprunte la figure d'Aspasie. Elle s'introduit chez ses hôtes par la ruse. Le stratagème est d'importance : le travestissement. Tellement faux que le plus faux paraît le plus vrai. Les compliments confirment que la fausseté a été reçue comme vraie : vérité d'une physionomie qui a du mérite et d'un beau visage (*Triomphe de l'amour*, I, 4 : 305). Ainsi le faux, plus faux que faux et presque vrai, établit la mise en scène.

Première victime : Léontine. On lui raconte une histoire, qui s'avère être rapidement sa propre histoire. Phocion fabrique un artifice qui flatte Léontine, car à l'intérieur du récit élogieux, la sœur d'Hermocrate se retrouve symbolisée, presque substituée en un personnage féminin, aux traits fins de beauté, sœur d'un homme célèbre et respectable. À l'évidence, elle sent le piège, voudrait l'éviter, mais ne peut se refuser à aimer. Elle tombe. L'artifice a fonctionné. Il consistait à ce qu'un personnage séducteur masculin renvoie à sa proie les signes de sa propre image, en usant d'une simple histoire d'amour où l'héroïne merveilleuse, choisie d'entre les plus merveilleuses, est aimée.

Victime numéro deux : le philosophe Hermocrate. L'astuce est plus complexe, mais découle du même schème de séduction que le précédent. Sage comme il se doit, Hermocrate découvre un premier indice de fausseté chez Phocion : « Cet habit-là n'est pas le vôtre. » Phocion avoue son sexe, non pas son identité, et rien n'assure que cette révélation du déguisement n'était voulue. D'autant plus qu'il s'agit d'un homme que Phocion doit séduire, et que la chose sera rendue plus facile dans les habits d'une jeune demoiselle. Le jeu qu'elle met en scène est celui-ci : *je vous aime et vous désire, montrez-moi à ne plus vous aimer* et « faites que je vous ressemble » (I, 8 : 308), *que je devienne comme vous et que votre image se reflète en moi.* Si Hermocrate accepte, il aimera lui apprendre son détachement amoureux et sera alors séduit par lui-même. Car en lui enseignant à ne pas céder à l'amour, il l'incite à vivre comme lui-même, en philosophe stoïque qui se méfie des passions. S'il réussit, il se découvrira un double semblable à lui-même, aimera ce double et... tombera. Le résultat s'avère prévisible. Hermocrate succombera à l'amour, ou plutôt à la sollicitation de son amour-propre ; il voudra se marier en cachette, condamnant du même coup sa rationalité philosophique.

Pour Agis, dans les habits d'un homme, l'amour se dissimule sous le masque de l'amitié. Mais c'est délibérément que Phocion lui avoue son identité féminine, afin que l'impétuosité du cœur se réveille. C'est un amour véritable pour Agis qu'elle tente de développer, nous dit Marivaux. Trois rencontres, et l'art de la séduction l'aura complètement piégé. Des regards, du charme et Agis s'en trouve alors « [pénétré] à merveille » (II, 11 : 314). Pénétrer son âme et en ressortir un personnage auquel le prince pourra s'identifier, n'est-ce pas l'art du comédien, du séducteur ? Ne reste plus qu'à le convaincre en l'abusant d'un peu de baratin : « Preuve sur preuve ; amour dans l'expression, amour dans les sentiments, dans les regards, amour s'il en fut jamais » (II, 11 : 315). Ainsi, Phocion essaie constamment de lui retourner les sentiments qu'il vit lui-même, pour lui-même. Elle sait qu'Agis porte une grande admiration au philosophe ; si elle-même avoue une pareille admiration, l'amitié (qui se transformera en amour) aidera à reproduire chez Phocion un personnage qui ne formera qu'*un* avec Agis. Unité sur laquelle le prince insiste, en recommandant à Phocion à propos de lui-même, dès le début de la pièce, « de ne [le] perdre jamais de vue » (I, 4 : 305). Car perdre de vue, c'est faire place à l'ennui pour la personne qui est séduite. Agis dit bien : « Je n'y attends plus que l'ennui, quand vous n'y serez plus » (II, 3 : 310). Pire encore, l'éloignement du regard de la personne aimée peut entraîner, du moins symboliquement, la mort ou le désespoir absolu. Ce à quoi Phocion tâchera de convaincre ses proies : « Je ne saurais plus vivre sans vous ; je vais remplir ces lieux de mon désespoir » (II, 5 : 312).

Déguisement et portraiture

Le séducteur utilise parfois deux instruments, que nous retrouvons, entre autres, dans *Le Triomphe de l'amour* : le déguisement et le portrait.

Tout bon comédien utilise des costumes. N'empêche qu'il peut tout aussi bien être bon acteur sans eux. Il semble donc évident que le séducteur, artisan de la tromperie et créateur de rôle, ne peut s'empêcher d'en faire usage quelquefois. C'est le cas de Don Juan dans sa version de Mozart par exemple, lorsque le célèbre séducteur, voulant posséder le cœur de la servante de Doña Elvire, échange ses vêtements avec son compagnon et serviteur Leporello. C'est aussi le cas de notre Léonide-Phocion-Aspasie. N'oublions pas qu'elle veut tromper, et que ses ruses ont trois objectifs : rendre le trône à Agis, être à lui, se venger d'Hermocrate et de sa sœur. En tant que Princesse de Sparte, Léonide représente une ennemie déclarée. Pour séduire et faire naître l'amour, elle doit s'insérer par la feinte en prenant les atours d'un personnage fictif. Elle veut disposer du cœur d'Agis et elle sait qu'elle ne peut y parvenir que par le déguisement, car, dit-elle : « Je suis née d'un sang qu'il doit haïr » (I, 1 : 303). Pour atteindre ses objectifs, le déguisement frappe avec force. Dire la vérité, présenter la réalité ferait éclore la haine automatiquement. Tromper et susciter l'amour faussent la situation, en flattant l'imaginaire qui finit toujours par retrouver le chemin du réel. La force du dénouement final tient donc à la surprise que crée le dévoilement de la réalité, du combat de la haine et de l'amour qui commence.

L'utilisation des portraits exploite beaucoup, quant à elle, la symbolique et l'allégorie de la séduction. Le portrait aide à causer un effet de miroir. C'est par le portrait que le comédien-séducteur reproduit l'image de sa victime : « Elle ne sait pas que je possède ce portrait, et c'est en cela au fond que consiste mon crime » (*Journal du séducteur* : 303). L'effet du portrait est puissant, car son existence tient dans le regard, telle la personne séduite vis-à-vis du séducteur : *elle existe par le regard*. Le tableau regardé prend vie pour la personne qui regarde et donne vie à cette même personne regardante. L'allégorie se raconte simplement : regarder le séducteur, comme l'on regarde son portrait ; en surface l'on voit l'autre, quand en réalité, il s'agit de soi. Phocion explique : « Je ne veux jamais vous perdre de vue ; la moindre absence m'est douloureuse, ne durât-elle qu'un moment ; et ce portrait me l'adoucira » (II, 7 : 313). Perdre de vue le séducteur accroît la douleur, affaiblit l'existence. Contempler le tableau qui représente la ou le bien-aimé, apaise le cœur, en l'espérance d'amour qu'il provoque, car voir l'autre, c'est aussi se voir... amoureux, et donc s'aimer heureux dans l'amour. Ainsi, à la fin de la pièce, lorsque l'arnaque est avoué, et que tout le jeu se dissipe pour laisser place à la vérité de la réalité, Phocion suggère qu'Hermocrate et sa sœur reprennent leur propre portrait, car, au fond, il n'y a jamais eu de différences, pour la séductrice, entre le portrait de l'amante ou de l'amant : il s'agit toujours de ceux qui aiment... qui « s' » aiment.

Allégorie de la simulation (1640)
Huile sur toile de Lorenzo Lippi (1606-1665)

LE SÉDUCTEUR ESTHÉTIQUE
KIERKEGAARDIEN

La femme, éternellement riche de nature, est une source intarissable pour mes réflexions, pour mes observations. Celui qui n'éprouve pas le besoin de ce genre d'études peut bien s'enorgueillir d'être ce qu'il voudra dans ce monde, sauf d'une chose : il n'est pas un esthéticien. La splendeur, le divin de l'esthétique est justement de ne s'attacher qu'à ce qui est beau [...]

Søren Kierkegaard, *Journal de séducteur*, p. 333

EN QUÊTE DE BEAUTÉ, le séducteur kierkegaardien a des désirs à assouvir. Il est « tout à la soif de la dame », et cherche à étancher cette potomanie du désir de ces Grâces, tout en leur renvoyant leur désir, pour en susciter davantage. S'il influe sur celle qu'il veut séduire, c'est qu'il représente toujours ce qu'elle est elle-même : « Si j'ai une influence quelconque sur sa formation, c'est en lui apprenant toujours et toujours ce que j'ai appris d'elle » (*Journal du séducteur* : 304). Ce séducteur-miroir réfléchit des ombres, « travaille à développer le contraste » (273), tellement qu'il en devient presque invisible pour la « jeune fille victime de l'amour d'un autre ou, plutôt, du sien propre » (283). Il rend possible l'exercice de ce jeu par un vide qu'il creuse en lui : « Léger, peu vêtu, souple, désarmé, je renonce à tout ; je ne possède rien, je n'ai envie de rien posséder, je n'aime rien, je n'ai rien à perdre » (255). Rien alors ne lui pèse. Il prend son pain et fuit sans remords, sans qu'un seul tremblement de l'amour ne l'ait atteint, et il oublie[3].

---

[3] Sur le « vide » décelé chez le séducteur, le poète Pierre Jean Jouve, qui s'est notamment intéressé au *Don Giovanni* (*Le Don Juan de Mozart*, Paris, Plon, 1941), a ces jolis vers :

> *Le miracle de l'amour est de n'aimer rien*
> *Par les trous d'étoiles de ne rien connaître*
> *De ne rien savoir ni vivre ni paraître*
> *D'être la flamme de n'exister en rien.*

Ne voyons surtout pas ici le néant de l'amour, mais l'amour par le néant,

Le séducteur kierkegaardien s'amuse également au jeu de rôle. Il renvoie bien plus que des images, il personnifie, ou mieux, il crée un double de perfection de sa victime pour l'attirer. Comme dans cette célèbre lettre où il parle de façon impersonnelle d'une « jeune fille plus belle que le rêve de [son] âme » pour lui avouer un peu plus loin que cette fille, dans laquelle sa victime pouvait se reconnaître, est bel et bien elle-même :

> Il existe une jeune fille plus belle que le rêve de mon âme, plus pure que la lumière du soleil, plus profonde que la source de la mer, plus fière que le vol de l'aigle — il existe une jeune fille — oh ! Penche ta tête vers mon oreille et vers ma voix, pour que mon secret puisse s'y faufiler — j'aime cette jeune fille plus que ma vie, car elle est ma vie ; je l'aime plus que tous mes désirs, car elle est mon seul désir ; plus que toutes mes pensées, car elle est mon unique pensée ; plus ardemment que le soleil aime les fleurs ; plus

---

par un espace vide. L'amant en chaleur, « la flamme », réalise son attachement amoureux, par un détachement de son être d'avec l'objet de son désir. Le Don Juan qui aime toute les femmes, mais n'en aime aucune particulièrement, parviendra en quelque sorte à cette union par la désunion ; de l'amour du *toutes-les-femmes*, il porte son intérêt sur le « vide » de l'amour. Le « vide », le « rien » qui l'incite à séduire, constituera donc son être, tout comme le séducteur kierkegaardien. (Pierre Jean Jouve, « Nada », *Œuvre*, t. I, Paris, Mercure de France, 1987, p. 290-291).

intimement que le chagrin le secret de l'âme en peine ;
plus impatiemment que le sable brûlant du désert aime
la pluie — je suis attaché à elle avec plus de tendresse
que le regard de la mère à l'enfant, avec plus de
confiance qu'une âme en prière ; elle est plus
inséparable de moi que la plante de sa racine. [...] Ma
Cordélia ! Tu m'as compris, exactement, à la lettre, sans
perdre un mot ! (309-310).

Le séducteur s'enquiert de son cœur, s'en dit
intérieurement esclave (311, 340) au profit des désirs
de sa muse du moment. Mais au fond, il n'attise que
l'amour-propre de celle-ci :

Je suis amoureux de moi-même, — pourquoi ? parce
que je suis épris de toi [...] je m'aime moi-même parce
que mon moi t'appartient ; si par conséquent je ne
t'aimais plus, je cesserais de m'aimer moi-même. [...]
[Ce sentiment] est à tes yeux sanctifiés l'expression de
l'anéantissement le plus enthousiaste de moi-
même (314).

Il lui enfonce dans l'âme des impressions positives,
mais c'est qu'il conçoit l'amour comme la création
d'une image... réelle, mais toujours une image. Il lui
avoue cette apparence devant laquelle elle reste saisie
de contemplation, comme tout artiste vis-à-vis du
tableau d'un grand maître : « Pour l'amour tout est

image et, en retour, l'image est réalité » (325). Elle ne devient alors libre que par celui qu'elle aime (335), car elle en tire une obscure force intérieure qui la vivifie :

> Les yeux se ferment et, pourtant des puissances obscures s'agitent en elle. Elle ne voit pas que je la regarde, elle le sent, tout son corps le sent. Les yeux se ferment et c'est la nuit ; mais en elle il fait grand jour » (285).

Mais cette puissance peut la quitter à tout moment, car « quand une jeune fille s'est donnée entièrement, c'est fini » (338).

Le festin de Pierre. Dessin de Pierre Brissart gravé par Jean Sauvé pour *Les Œuvres de M. de Molière*, Paris, Thierry, Barbin & Trabouillet, 1682. L'illustration montre Don Juan, Sganarelle et la statue du Commandeur.

ESTHÉTIQUE DONJUANESQUE
DE LA SÉDUCTION

D'UN ÉPICURISME À TOUS CRINS, Don Juan[4] n'a d'abord d'attache que pour le plaisir[5], qu'il lie nécessairement à la liberté[6]. Ce plaisir

---

[4] Nous suivons l'orthographe usuelle de « Don Juan » quand il s'agit du héros mythique de Molière et de Mozart, ce dernier utilisant la transcription italienne bien connue de « Don Giovanni ». En France, l'usage du XVIIᵉ siècle n'établissait pas de distinction entre Don et Dom ; c'est la raison pour laquelle « Dom Juan » référera ici *spécifiquement* au héros et à la pièce (en italique) de Molière, lorsqu'il sera à-propos de le distinguer. De même que « Don Giovanni » sera réservé seulement aux particularités du héros et de l'opéra du grand compositeur. Dans tous les autres cas, nous utiliserons « Don Juan ».

[5] « Ah! N'allons point songer au mal qui nous peut arriver, et songeons seulement à ce qui nous peut donner du plaisir » (*Dom Juan*, I, 2 : 38). Le livret de Mozart parle plutôt de divertissement : « Idol mio, non vedete / Ch'io voglio divertirmi... » (*Don Giovanni*, I, 10 : 106).

[6] « J'aime la liberté en amour, tu le sçais, et je ne sçaurois me résoudre à renfermer mon cœur entre quatre murailles » (*Dom Juan*, III, 5 : 65). Voir aussi l'accueil de Don Giovanni à la scène du bal : « È aperto a tutti quanti, / Viva la libertà! » (*Don Giovanni*, I, 20 : 154).

d'inconstance amoureuse s'en trouve relié à une satisfaction presque jouissive du jeu hypocrite du comédien :

> [...] l'hypocrisie est un vice à la mode, et tous les vices à la mode passent pour vertus, le personnage d'homme de bien est le meilleur de tous les personnages qu'on puisse jouer aujourd'hui, et la profession d'hypocrite a de merveilleux avantages. C'est un art de qui l'imposture est toujours respectée [...] C'est sous cet abri favorable que je veux me sauver [...] (*Dom Juan*, V, 2 : 80-81).

Ce comportement de l'hypocrite se rattache à une utopie de l'amour universel. Don Juan ne saurait s'attacher à une belle et négliger les autres : « J'ai beau estre engagé, l'amour que j'ai pour une belle, n'engage point mon âme à faire injustice aux autres » (*ibid.* I, 2 : 35)[7]. Mais pour lui ce libertinage dépasse les cadres du simple plaisir d'infidélité, où le séducteur s'évertue à sucer les passions que lui offre une Lolita, avant

---

[7] Le séducteur mozartien tient le même discours : « È tutto amore. / Chi a una sola è fedele / Verso l'altre è crudele ; Io, che in me sento / Sì esteso sentimento, / Vo' bene a tutte quante » (*Don Giovanni*, II, 1 : 170).

d'aller se nourrir dans les ailleurs d'une autre Grâce.
Son vice prend racine au fond d'une inconstance
existentielle[8]. Don Juan associe le mariage à la fin de
la conquête des « beautez » des demoiselles de toute
origine, une fin qu'il compare littéralement à la mort :
« La belle chose [...] d'être mort dès sa jeunesse »
(*ibid.*). Une mort qui prend des allures toutes
spirituelles, où il voit plutôt un sommeil « dans la
tranquillité » d'un amour subordonné aux règles
conjugales[9]. Ce qui lui fera dire : « Tout le plaisir de
l'amour est dans le changement » (*ibid.*), voulant ainsi
démontrer l'universalité de l'amour, dont l'essence

---

[8] Certains critiques parleront de la lutte de Don Juan contre le temps, contre la mort. Rostand préfère situer l'inconfort existentiel de Don Juan sur le plan de l'être, et d'une recherche de l'affirmation de soi, qui passe nécessairement par une connaissance de soi et du monde : « Je ne me repens pas... Ah! quels sont ces tourments ? / Et l'on dit un « Don Juan » pour nommer la victoire / Mais tout homme eut son jour ! le jour où l'on peut croire / Que l'on se réalise, où l'on se dit : « Je suis ! » / Je n'ai pas eu mon jour ! » (1921 : 127).

[9] La mort par le mariage s'inscrit discrètement au gré du célèbre registre des victimes que tient le Don Giovanni ; liste macabre, qui revêt les atours symboliques de ce mouvement constant de l'infidélité, contre la

provient du partage et du caractère aventurier, ainsi que du besoin constant de nouveauté. Ce thème du changement se retrouvera sur la liste des éléments offerts à la jeune conquête féminine. Il modifie par exemple le nom de celle-ci, le rendant du même coup plus familier : « Belle Charlotte » au lieu de « Charlotte » (Molière), « Zerlinette » au lieu de « Zerline » (Mozart). Don Juan se permet également de projeter l'espoir d'un renouveau de la condition sociale de sa victime, ce que Da Ponte, lors du premier entretien de Don Giovanni et de la paysanne Zerline, rendra par : « [...] voi non siete fatta / per esser paesana: un'altra sorte / Vi procuran quegli occhi bricconcelli [...] » (*Don Giovanni*, I, 9 : 102-103)[10].

---

stagnation par le mariage et la promiscuité que celui-ci procure.
[10] Traduction : « Vous n'êtes pas faite pour devenir paysanne ; c'est un autre sort que méritent ces yeux coquins ».

Le malicieux prétendant et ses foules

La magie que dégage l'aura de Don Juan veut qu'il soit difficile de connaître le nombre exact de ses victimes. Le temps d'une aria, Mozart lance le chiffre éclairant de 2065 conquêtes, partagées entre cinq pays (*Don Giovanni*, I, 5 : 88). Il ne s'agit pas de remarquer que le franc-maçon Mozart ait des intentions de symbolisme dans ce chiffre composé du nombre 20, âge convenu de la jeunesse (et du début des aventures charnelles), et de 65, nombre qui clôt encore de nos jours la vie « active », que de se faire une idée de la gravité de la « décadence » qui anime le séducteur. Face à ce panorama de la femme trompée, le *Festin de Pierre* et *Don Giovanni* présentent deux « victimes » analogues (Elvire, l'épouse délaissée par Don Juan et Charlotte-Zerline, une paysanne) et quelques victimes secondaires, auxquelles les auteurs font parfois une simple allusion. Détail important : Molière omet le viol de la fille du Commandeur, Doña Anna, bienséance louis-quatorzienne obligeant, que la tradition espagnole avait institué. Mozart s'est senti tenu de rappeler ce fait capital du mythe, lequel peut entraîner une réflexion sur la séduction que nous ne saurions contourner. Enfin, il nous ne faudrait pas minimiser la séduction que d'autres personnages, tel le fameux valet Sganarelle-Leporello, exercent. Cependant nous nous attarderons seulement au discours de la séduction dont use Don Juan sous un prétexte amoureux, en laissant de côté la séduction « par avantage » que se permet quelquefois le séducteur envers un marchand par exemple (*Dom Juan*, IV, 3 : 68-72), ou envers son valet, qui paradoxalement ne cesse de plaindre la corruption de son maître, tout en restant auprès de lui.

Le vray portrait de Mr de Molière en habit de Sganarelle.
Estampe de Claude Simonin (vers 1635-1721)

La séduction en action

D'entrée de jeu, la toute première « proie » à laquelle

font références Molière et Mozart, a déjà subi les

affres du charmeur. Elvire, mariée à Don Juan,

cherche à se venger. Sur un plan plus religieux, nous

dirions qu'elle fait figure d'ange divin à la remorque

d'un avertissement contre l'impie personnage, plutôt que celle de l'épouse éplorée qui dénonce l'ingrat qui l'a abandonnée. Le récit de son cœur succombant à vau-l'eau dans l'amour s'effectue à rebours, par le truchement du témoignage de son écuyer Gusman (Molière seulement), mais le plus souvent lors de ses plaintes répétitives. La séduction d'Elvire ne s'effectue donc pas dans le Don Juan, elle est déjà subie. Nos observations conjecturent seulement sur le déroulement des débuts de l'amour, d'après les témoignages fournis par les auteurs. Ainsi, en conversation avec Sganarelle, Gusman s'exprime ainsi :

> [...] je ne comprends point comme après tant d'amour et tant d'impatience *témoignée*, tant d'hommages pressants, de vœux, de soupirs, et de larmes, tant de lettres passionnées, de protestations ardentes et de serments réitérés, tant de transports enfin et tant d'emportements [...] comme, après tout cela, il aurait le cœur de pouvoir manquer à sa parole (*Dom Juan,* I, 1 : 33. [Nous soulignons]).

La démonstration de l'écuyer invoque le *témoignage* de Don Juan pour établir son attachement à Elvire. Don Juan a exercé une pression, par la parole orale ou écrite, pour démontrer ce qu'il est censé vivre lui-même pour Elvire. Il n'est pas fait mention ici de quelconques marques de reconnaissance face à ces paroles séductrices de la part d'Elvire. Celle-ci a seulement reçu le message tel qu'il a été formulé. Le discours de Gusman laisse croire que l'amour emplit d'abord le cœur de l'homme et qu'ensuite la demoiselle cède à ses attaques répétées. Or, comme elle l'avouera, le mensonge, bien qu'issu de Don Juan, s'est ensuite insinué dans son esprit à elle : « Je me suis forgé exprès cent sujets légitimes [...], pour vous justifier du crime dont ma raison vous accusait » (*ibid.* I, 3 : 39). Conséquence : elle s'accuse elle-même de la faiblesse de son jugement devant les fausses apparences qu'a jadis présentées Don Juan, « à force d'artifices, de serments et de belles paroles » (*Don Giovanni*, I, 5 : 82). Il n'est nullement question de trahison de la part de Don Juan, mais de son rôle mesquin dans la projection d'un amour qui n'a de solidité que par la parole. Elvire s'est plutôt trompée elle-même, du fait qu'elle s'est vue « autre », allant jusqu'à condamner une « voix » raisonnée (*Dom Juan*, I, 3 : 39), ne sachant plus y prêter attention. Dès lors qu'elle connaît bien son adversaire, son accusation ne portera que sur elle-même, sur l'abandon de son esprit à flatter son amour-propre : « Il suffit, je n'en veux pas ouïr davantage, et je m'accuse même d'en avoir trop entendu » (*ibid.* I, 3 : 41). Parallèlement à cette accusation, la Roxane du *Cyrano* de Rostand ne commande-t-elle pas à son séducteur Christian-Cyrano avant de succomber lors de la scène au balcon, de cesser la tirade séductrice, encore trop éloquente pour sa préciosité : « Taisez-vous! » (III, 10). Plus sagement qu'Elvire, Roxane tente de mettre fin (à deux reprises) à la puissance séductrice du discours, auquel elle acquiescera de toute façon.

L'ordre des victimes nous amène à parler du moment le plus pénible du mythe : le viol (et la séduction bien entendu) de Doña Anna, épisode absent de la comédie de Molière. Toutefois, ce dernier y glisse une allusion, lorsque Don Juan jalouse le bonheur d'un « couple d'Amans » (I, 2 : 38), pour lequel il veut se faire pirate, et à l'aide d'une petite barque, enlever la fiancée en promenade sur mer. Un enlèvement qui ne vise plus la chair, la virginité de l'hymen, mais plutôt l'unité d'un couple passionné, que Don Juan veut désillusionner de la notion de mariage. Molière n'identifie pas le nom des deux amants, que nous pourrions rapprocher du couple Anna-Ottavio, tel que nous le présente l'opéra-tragique de Mozart. Dès le deuxième acte, Molière savoure tout le plaisir de nous raconter le sabordage raté, où un pirate du dimanche se fera prendre à son propre jeu... et coulera. Un paysan batifolant « sur le bord de la mar », fiancé de Charlotte, voulant avertir les dangereux marins, racontera à la manière d'un *bourgeois gentil-homme* : « Je les ay le premier avisez, avisez le premier je les ay » (II, 1 : 42). Quant à la version de Mozart, Doña Anna, désirant d'abord être aidée par Don Juan pour retrouver le coupable du meurtre de son père et « [d]ell'infame attentatto » (*Don Giovanni*, I, 13 : 122), découvrira dans les reproches dénonciateurs de Doña Elvire que le monstre n'est nul autre que Don Juan. Elle entonne son récit à Don Ottavio :

> La nuit tombait déjà / lorsque, dans la chambre / où,
> pour mon malheur, j'étais seule, / je vis entrer
> quelqu'un / drapé dans un manteau, / quelqu'un que
> d'abord / je pris pour vous. / Mais bientôt / je
> reconnus la méprise.../ [...] Sans un mot il s'approche,
> veut / m'embrasser ; je cherche à me dégager, / il me
> tient plus fort. / Je crie, mais personne ne vient. [...]
> Alors la douleur, / l'horreur de l'infâme attentat [...]
> (*ibid.* trad. Gillot : 122-123).

La plaignante attribue son aveuglement à l'obscurité
dont l'enjôleur professionnel a profité, sous le
couvert d'un déguisement propre aux techniques de
la séduction (« un manteau »). Anna le confond alors
avec son fiancé. La séduction a ainsi été opérée par
un mensonge, non verbal mais physique, où la
victime, d'abord tacitement consentante, refuse
vivement par la suite du seul fait que la jeune femme
n'a pas reconnu son fiancé. Autrement dit, elle fut
séduite par le plaisir qu'elle-même recevait d'un
charmant jeune homme et cela sans établir, *a priori*, de
distinction quant à la provenance des caresses,
attendues du fiancé. L'odieux d'une telle analyse

consiste à souligner qu'elle fut séduite par le plaisir qu'elle recevait d'elle-même ; l'autre, le séducteur-violeur, n'agissant qu'à titre de fourvoyeur-miroir d'un plaisir attendu. Sans vouloir intenter le procès de la victime, il semble pourtant en être ainsi : l'acceptation des plaisantes cajoleries se fait aux dépens de celui qui les procure. Preuve que la séduction agit à partir de la victime pour la victime.

Voilà que pour la prochaine « dupe », les talents de l'expert baratineur s'exhibent devant une jeune paysanne impressionnée de l'intérêt qu'on lui accorde. À partir du récit de Pierrot à propos du naufrage de Don Juan, Molière introduit une première paysanne, à qui l'on « a fait les yeux doux », Mathurine, qui se trouve rapidement écartée au profit de Charlotte, la Zerline-Zerlinette de Mozart. L'intérêt de Charlotte pour Don Juan provient

d'abord des qualités physiques de ce beau cavalier...
qu'elle voudrait bien voir nu : « Est-il encore cheux
toy tout nu, Piarrot ? » (*Dom Juan*, II, 1 : 43). Encore
faut-il savoir que cet intérêt a été préparé par les
« dispositions » que Don Juan, en bourreau reconnu
des cœurs, avait prises (*ibid.* II, 1 : 46). L'expression
démontre bien l'effet de renvoi et d'organisation des
sentiments de la demoiselle. Don Juan ne dépose pas
dans le cœur de la paysanne ses propres sentiments,
espérant la charmer par ce moyen, mais il utilise le
potentiel des inclinaisons sentimentales de sa victime,
pour les *disposer* en bon ordre, à la faveur d'un
rapprochement amoureux. La première rencontre
s'effectue à l'ombre d'un décor dit « champêtre », où
Don Juan multiplie les compliments par un effet
métaphorique, et non pas directement. Le discours
indirect s'avère plus insidieux : les images

s'intériorisent profondément chez la victime et se retournent en sa faveur. Ainsi, Don Juan parle de « rencontre agréable », « parmy [des] arbres et [des] rochers », et il avoue sa surprise de retrouver dans ces lieux si enchanteurs « des personnes faites comme vous êtes ». La conjonction de comparaison « comme » acquiert ici une importance capitale dans le processus de séduction. La formule appelle cette intériorisation du compliment, favorisant à l'instant un penchant de sympathie pour l'homme galant, même si toutes les beautés corporelles que Don Juan énumère pour décrire la grâce de Charlotte (la jolie taille, le visage mignon, les beaux yeux pénétrants, les dents amoureuses, les lèvres appétissantes) revêtent à coup sûr, dans une réalité non idéalisée, une couleur moins brillante sur la personne physique de la paysanne[11]. Ne sachant que répondre à tant de flatteries, Charlotte se sent « obligée », dit-elle, et s'incline devant le beau parleur : « Charlotte, pour vous servir. » Le raisonnement du séducteur se poursuit par une offre de changement de condition sociale, que Charlotte accepte déjà, du seul fait de son niveau de langue qui prend des allures plus complexes, presque pincées[12]. Ainsi, « bian » devient « bien » en présence de l'homme à l'habit doré ; « iglia » est rendu par « il y a », et « quement » disparaît, pour qu'enfin, poliment et avec élégance, elle puisse déclarer nettement sa réaction dubitative aux qualités que Don Juan lui attribue : « Monsieur,

---

[11] Les insistances de Don Giovanni lors de la rencontre privée avec Zerline, sont du même ordre : « [...] quel visetto d'oro, / Quel viso inzuccherato [...] quegli occhi bricconcelli, / Quei labbretti sì belli, / Quelle ditucce candide e odorose : / Parmi toccar giuncata, e fiutar rose » (I, 9 : 102).
[12] Chez Mozart, ce changement de statut social se perçoit, notamment sur le plan musical, à la scène du bal, lorsque au cours d'une danse allemande réservée aux villageois, Don Giovanni se met à danser aux bras de Zerline une contredanse d'une légèreté indéniablement bourgeoise, propre au

cela vous plaît à dire, et je ne sais pas si c'est pour vous railler de moi ». La justification de cette déclaration d'amour d'une rapidité loufoque s'effectue sur le terrain des évidences irrationnelles, même si Charlotte résiste encore à ce courtisan enjôleur. L'argument massue de Don Juan pour vaincre de telles appréhensions, s'énonce laconiquement : « Je ne suis pas de ces gens-là ». Bien que la réponse soit courte, le rôle du séducteur n'est pas d'en dire davantage, de peur de tomber dans une argumentation raisonnée. C'est un *triomphe des passions* qu'il s'agit de réaliser ; en cela Don Juan convainc Charlotte en lui disant : « [...] votre beauté vous assure de tout ». Le compliment met un terme sûr à toute réflexion[13]. Face à une demande en mariage et à la

---

cavalier-séducteur de Séville (I, 20 : 156 [didascalies]).
[13] Dans le *Discours sur les passions de l'amour* attribué à Pascal, l'auteur fait état de l'esprit de « finesse » propre à la logique du Don Juan : « Il y a de

promesse d'assurer à la paysanne « une meilleure fortune », Charlotte voudra se réfugier sous la sagesse de la *tante* : « Oui, pourvu que ma tante le veuille ». Ce qu'en bon libertin Don Juan réfute, en lui recommandant d'assurer toute liberté à la décision de son cœur, « puisque vous le voulez bien de votre part ».

Rôle du valet

Tandis que les serviteurs, que nous retrouvions chez Marivaux et chez Kierkegaard, tenaient des rôles souvent secondaires à l'action, servant plutôt à cette convention théâtrale qui veut que l'on informe le

---

deux sortes d'esprits, l'un géométrique et l'autre que l'on peut appeler de finesse. Le premier a des vues lentes, dures et inflexibles, mais le dernier a une souplesse de pensée qui l'applique en même temps aux diverses parties aimables de ce qu'il aime. Des yeux il va jusques au cœur, et par le mouvement du dehors il connaît ce qui se passe au-dedans » (*Moralistes du XVIIe siècle*, Paris, Robert Laffont, « Bouquins », frg. X, p. 624). L'auteur décrit bien pourquoi le séducteur a intérêt à s'attacher aux beautés extérieures, puisqu'afin de produire un effet miroir, le malhonnête charmeur se doit de posséder une connaissance de l'objet de son miroitement, connaissance tant extérieure qu'intérieure (Rousset, 1976).

spectateur des événements de l'histoire, le valet Sganarelle-Leporello occupe comme nulle part ailleurs un rôle décisif dans les entreprises du maître. Les contemporains de Molière s'étaient rapidement aperçus du « valet plus impie que son maître qui en fait rire les autres » et dont le faible raisonnement « traite avec bassesse et en ridicule les choses saintes »[14]. Incontestablement, le valet s'applique à doubler médiocrement Don Juan : « D'ailleurs tout le personnage a été conçu comme une incarnation timide et pitoyable, foncièrement *inférieure*, de tout ce qui pouvait se scandaliser des audaces de Don Juan » (Bénichou, 1948 : 168). Outre que le valet catalyse tous les éléments comiques, notamment dans la comédie de Molière, l'intérêt que nous y portons

_____

[14] Commentaires du sieur de Rochemont, dans ses *Observations sur 'Le festin de pierre'*, Paris, 1665. Republiés par le bibliophile Jacob à Genève, chez J.Gay et fils, 1869, p. 6 et 15.

vient d'abord de ce qu'il réfléchit l'image de son seigneur, incarnant ainsi un second séducteur séduit par son maître, faussement tiraillé entre l'observance de la morale corruptrice de Don Juan et celle, à deux sous, des saintes vertus maladroitement confessées. Dédoublement d'image qui commence par l'esclavage de l'esprit du valet : « Assurément que vous avez raison, si vous le voulez, on ne peut pas aller là contre ; mais si vous ne le vouliez pas, ce seroit peut-être une autre affaire » (*Dom Juan*, I, 2 : 35). Le valet servant de faire-valoir à son maître finit par se complaire dans la séduction. Un exemple se présente à la scène du bal (Mozart seulement), où pendant que Don Juan caresse Zerline, Leporello s'évertue à l'imiter, exerçant un attouchement, croit-on, aux « coussinets d'amour » des autres paysannes invitées : « *Imita il padrone colle altre ragazze* » (*Don Giovanni*, I,

20 : 152). Quant au support qu'il offre à Don Juan, le rôle du valet se manifeste sous trois formes principales :

• aider la bonne combinaison des manigances du maître, en s'improvisant corsaire par exemple, et en participant à la flibuste de l'embarcation d'une « Belle » et à son enlèvement, comme nous en avons déjà fait mention ;

• refouler les agents antagonistes qui peuvent entraver le maître. Il s'occupe ainsi de Masetto, amant de Zerline, tel que Don Juan l'ordonne : « Cerca divertir tutti » (*Don Giovanni*, I, 8 : 96) ;

• prendre la défense du séducteur, jusqu'à se faire accuser à sa place, en acceptant même de mourir pour lui s'il le faut (« Bien heureux est le valet qui peut avoir la gloire de mourir pour son maître » [*Dom Juan*, II, 5 : 55]). Tel est le cas lorsque Zerline crie à l'agression durant le bal, et que Don Juan, épée en main, feint de tuer son valet, essayant ainsi de s'échapper par cette ruse et de détourner l'accusation sur un tiers.

Don Juan. Gravure de James Holmes (1777-1860)

Les déguisements

Chez Don Juan, ceux-ci servent « l'homme habile »
dans ce qu'il veut paraître, puisque, rappelons-le,
jamais le séducteur ne se vit lui-même comme un être
authentique. Il préfère se pénétrer de l'image d'autrui,
pour mieux y refléter un certain amour-propre. Or
Don Juan ne semble pas établir de différence entre le
vêtement habituel du courtisan et le déguisement

occasionnel du séducteur. La compréhension du phénomène s'éclaire d'elle-même, car la séduction n'a rien d'occasionnel chez lui. L'essence même du héros tient à la constante recherche de séduction. Or, peu importe que Don Juan fausse son costume de tous les jours, comme lorsqu'il s'intéresse à la « cameriera » de Doña Elvire (*Don Giovanni*, II, 1 : 172), car l'intérêt du costume est tout extérieur ; le naïf ou la naïve accordera son crédit à l'image que projette le vêtement, et d'autant plus si cette image reflète le désir de la victime. Par conséquent, si la paysanne Charlotte désire appartenir, consciemment ou non, à un autre rang, les « angigorniaux boutons » dont parle Pierrot à propos de Don Juan, dans son vocabulaire de province, prennent leur importance, tout comme les *rubans*, les *bouffettes* et les *ganses* dont un *bélître* déplorera l'absence au costume du Cyrano de

Rostand. Le déguisement acquiert un autre sens chez Don Juan. Le séducteur a compris que l'extérieur, embelli au profit d'un reflet, n'est en rien comparable au *masque* qui couvre certains gentilshommes non-déguisés : « Il y en a tant d'autres comme moy qui se mêlent de ce métier [d'hommes de bien], et qui se servent du même masque pour abuser le monde ! » (*Dom Juan*, V, 2 : 80). Dans l'opéra de Mozart, Don Juan se sert du même type d'argument devant Zerline, encline au doute quant à la fiabilité des paroles de ce maître chanteur : « La nobiltà / Ha dipinta negl'occhi l'onestà » (*Don Giovanni*, I, 9 : 102). Le visage seul, selon ce Don Juan, assure l'honnêteté inscrite sur les traits ; tout comme l'habit « purgatif » des « barbiers de Séville » qui « [prennent] médecine [à] le porter » (*Dom Juan*, III, 5 : 65). Ainsi, nous voyons bien dans le port du vêtement et dans son changement, tout l'artifice d'une construction d'image. Cette falsification n'est pas la projection d'une forme honnête du libertin sous un apparat vestimentaire, mais se configure d'après les reflets intérieurs et extérieurs d'une victime. Les apparences trompeuses que le héros endosse pour séduire peuvent user à son gré de clichés vestimentaires d'une classe sociale ou d'un métier symboliquement chargé.

Don Juan & Haydée.
Gravure anglaise anonyme de la fin du XIXᵉ siècle.

LE SÉDUCTEUR MUSICAL
ET LES « ÉTAPES ÉROTIQUES SPONTANÉES »

Il convient de signaler l'immense admiration que voue Kierkegaard au *Don Giovanni* de Mozart. Les premières pages du traité intitulé *Étapes érotiques spontanées* (ou, selon les traductions, *Stades immédiats de l'Éros*) débordent d'un enthousiasme qui semblerait outrancier pour certains musicologues. Le philosophe danois se dit amoureux de Mozart « comme une jeune fille », tellement qu'il en eût formé une secte, dont Mozart aurait été la seule figure divine reconnue. Son avant-propos emphatique, qualifié par lui-même de « futile », pose la question de la reconnaissance classique attribuée au Don Juan. Kierkegaard perçoit l'opéra de Mozart comme étant le seul sujet musical véritable, puisque le Don Juan exprime l'absolu, la « génialité sensuelle » que seule la musique peut traduire. La folie, la joie et le lyrisme du *Don Giovanni* dépassent, selon lui, la pensée (50). Le mélomane danois explique sa méthode de recherche non conventionnelle, dont :

> Je sais fort bien que je n'ai pas de compétence en musique ; j'avoue volontiers que je ne suis qu'un amateur [...] il est tout de même possible, cependant, qu'il se trouve dans le peu que j'ai à dire, une observation particulière qui sera acceptée avec un peu de bienveillance et d'indulgence, comme quelque chose de vrai, quoiqu'elle se cache sous un humble sarrau (54).

Et plus loin, comparant ses connaissances musicales à une quête en pays interdit :

> Si c'était un travail qui me préoccupait beaucoup, si j'étais infatigable dans mes recherches de plus grandes précisions, il m'arriverait peut-être encore qu'une révélation, une seule petite révélation m'échût, lorsque mélancoliquement et plein de désir je jetterais de la

frontière mes regards sur ce pays inconnu, si proche et pourtant si loin de moi. Bien que je sache que la musique est un art qui exige une longue expérience avant de pouvoir vraiment s'en faire une idée, je me console à nouveau [...] avec ce paradoxe, que dans le pressentiment et dans l'ignorance se trouve aussi une sorte d'expérience à faire (55).

En somme, le lecteur avare d'exactitude devra consoler son ignorance à l'ombre risquée du non-sens, qui cache une chute prévisible dans l'irrationnel, mais durant laquelle il pourra saisir « l'éternelle vérité de la conviction » (70). Le discours de Kierkegaard, « enchevêtré dans un illogisme » (49), emprunte donc des chemins dangereux, loin des sentiers battus, et « n'est écrit que pour des amoureux » (*ibid.*).

Søren Kierkegaard

Décidément, sa connaissance de Mozart ne vogue pas dans la mer des phénomènes, tels que Kant nommait tout ce qui est sujet aux expériences perçues dans le temps et l'espace, mais les transcende, transportant ces expériences dans une réalité métaphysique :

> Je suis convaincu que, si jamais Mozart me devenait tout à fait compréhensible, il me deviendrait en même temps, et seulement alors, parfaitement incompréhensible (51).

Ce qui n'est pas sans faire écho à ce que Rainer Maria Rilke proposait dans le même sens : « À qui résiste, le monde n'advient pas. Et à qui comprend trop, l'éternel se dérobe » (1997 : 835).

Trois étapes de l'érotisme sensuel

La plus claire expression de la pensée érotique du philosophe se situe dans la définition qu'il en donne lui-même :

> Si [...] j'imagine l'érotisme sensuel en tant que principe, puissance, empire, en tant que déterminé par l'esprit, c'est-à-dire déterminé de telle façon que l'esprit l'exclut, et si je l'imagine concentré en un seul individu, je trouverai l'idée de la génialité érotico-sensuelle (53).

Cette pensée « hardiment osé[e] », et qui semble contradictoire, ne peut être parfaitement saisie sans comprendre la relation de la sensualité et du

Christianisme, telle que vue par Kierkegaard. En effet, pour le philosophe, le Christianisme est responsable de la naissance de la sensualité dans l'histoire de l'humanité, du fait qu'il l'a constamment chassée et exclue du monde :

> [...] la sensualité [...] n'apparaît bien et elle n'est bien posée que par l'acte qui l'exclut, — par l'antithèse positive. [...] La sensualité, sous la détermination de l'esprit, a été à l'origine, posée par le Christianisme. Et c'est très naturel, car le Christianisme est esprit, et l'esprit est le principe positif introduit par lui dans le monde (51).

Ainsi, avant d'établir les correspondances entre la sensualité et ses étapes érotiques propres au Don Juan, la définition kierkegaardienne de la sensualité s'inscrit dans un principe d'exclusion. La sensualité est déterminée par l'esprit, par le principe d'unité primordial, mais elle en est exclue, rejetée, lui assurant du coup une force et une puissance insoupçonnées. Cette démonstration a son importance pour comprendre la corrélation entre l'érotisme spontané, et non déterminé par un registre éthique, et l'érotisme musical, la musique servant de médium à la spontanéité de l'érotisme, à tout ce qui ne peut être exprimé historiquement dans le temps (48).

Le rêve

La première étape du séducteur sensuel tient dans une appréhension de l'objet du désir, non pas de l'éveil de ce désir, mais de sa mise en rêve. Le séducteur « en devenir » prend alors ses distances face à ses possessions singulières, à ce qui dans l'espace du temps constituait les acquis de son existence, puisque les possédant, il ne peut entièrement les désirer.

La recherche

S'apercevant de la richesse de la multitude, le désir part en quête et tente de mieux définir son objet : « Il s'agit ici [...] de séparer ce qui est essentiel de ce qui est fortuit » (64).

Le désir assouvi

L'union du désir et de l'objet désiré conclut la troisième étape érotique :

> Le désir n'existe qu'en vertu de la présence de l'objet, et l'objet n'existe qu'en vertu de la présence du désir ; le désir et l'objet forment un couple jumeau, et aucun d'eux n'arrive une fraction de seconde avant l'autre (65).

La séduction s'opère, car du détachement d'une possession singulière et de la recherche d'un objet à travers la multitude, s'accomplit d'une manière absolue la réunion du seul désir « vrai, victorieux, triomphant, irrésistible et démoniaque » (68).

La génialité de la séduction donjuanesque

Don Juan incarne le désir fait chair. Voilà toute la différence entre Don-Juan-séducteur-sensuel et un vulgaire trompeur qui exercerait son imposture avec une certaine conscience, suivant une éthique particulièrement perverse, et dont les talents affinés agiraient selon une réflexion, une fine ruse, en utilisant pour convaincre la puissance d'une verve minutieuse. Au contraire, le Don Juan de Kierkegaard ne séduit pas. Il désire. Le désir devient séduction. L'assouvissement du désir terminé, il part à la recherche d'un autre objet. D'autant plus qu'une victime atteint un autre plan de sa conscience, « elle est portée dans une sphère supérieure » (78), et elle instaure une relation à elle-même qui inclut une union avec le Don Juan. Ce sentiment d'union s'avère extrêmement dangereux pour le séducteur sensuel, puisqu'il ne s'unirait à son objet, que dans la mesure où celui-ci pourrait être renouvelé. L'attachement à un seul objet le tuerait, car son existence tient dans la rencontre du désir, à son point le plus près, absolu et intérieur :

> Il n'a pas, en somme, d'existence propre, mais il se hâte dans un perpétuel évanouissement — justement comme la musique, au sujet de laquelle on peut dire qu'elle est finie dès qu'elle a cessé de vibrer et ne renaît qu'au moment où elle recommence à vibrer (81).

L'objet de son renouvellement, qui seul l'émeut, se nomme *femme*. Ni particulièrement Zerline ou Charlotte, ni même Elvire, mais ce que banalement elles ont toutes en commun, chacune d'entre elles, ce qui fait la *femme* en elles. Ainsi le renouveau s'opère au gré du *même*. Seule la femme, dont la féminité serait particulière, ou celle qui n'est jamais tiraillée par un désir sensuel duquel Don Juan peut se nourrir, pourra peut-être échapper à cette séduction qui agit sous un registre musical. Elle ne verra jamais le reflet de sa beauté embellir à l'union trompeuse du désir accompli entre elle-même et le désir fait chair. D'où vient alors la puissance de séduction érotique de Don Juan selon Kierkegaard ? La réponse révèle la régénérescence d'une énergie obscure, propre au désir, quand celui-ci se retrouve dans son élément, en l'occurrence la femme, vue sous le couvert de la multitude. La réponse à la question de l'origine de la puissance donjuanesque n'est surtout pas due au fait objectif et matériel d'une beauté physique que personne ne saurait trop définir, ni à une offre d'amour mental et non sensuel, qui prendrait place dans le temps, ni à l'attrait que la valeur de noble courtisan pourrait faire envier. Cette réponse s'explique plus sagement ainsi : « On ne le sait pas » (80). Le savoir exigerait un découpage indu dans des catégories, dont nous savons les aspects transcendants plus près de la musique que de la mécanique, qui formerait le charme sensuel du séducteur. Une telle tâche serait plutôt l'apanage de la symbolique sacrée.

Page titre de l'opéra *Il dissoluto punito osia il Don Giovanni* de Mozart.
Dessin de Johann Friedrich Bolt (1769-1836)

L'autre Don Juan

Nous ne nous interrogerons pas longtemps sur la
préférence de Kierkegaard pour le *Don Giovanni* au
détriment du *Festin de pierre*. Kierkegaard ne porte
aucun respect aux Don Juan profanes, pas plus à ceux
qui forment le mythe à travers la littérature qu'aux
séducteurs du dimanche, qui se piquent d'imiter le

séducteur sensuel, par la vulgarité d'une étreinte dépourvue du désir d'incarner l'esprit :

> Les natures inférieures qui ne soupçonnent et ne conçoivent aucune infinité, et les barbouilleurs qui pensaient être eux-mêmes Don Juan pour avoir pincé la joue d'une jeune paysanne, enlacé une fille d'auberge, ou fait rougir une petite pucelle, ne comprirent ni l'idée, ni Mozart, et ne surent eux-mêmes produire aucun Don Juan, sauf sous l'aspect d'un être difforme, ridicule, ou d'un faux dieu familial qui, aux regards voilés de sentimentalité de quelques cousines, paraissait peut-être un vrai Don Juan et tout ce qu'il y a de plus charmant (83).

Les répliques que prête Molière à son Don Juan cessent de faire du séducteur l'être de l'union avec la féminité. Ces répliques font de lui le simple trompeur d'une seule victime. Car même si d'autres proies se rattachent à la première et que les conquêtes se suivent l'une après l'autre, le Don Juan temporel, tel que vu dans la comédie de Molière, n'est l'homme que d'une petite perfidie et non de l'expression de la « génialité sensuelle » qui séduit par l'énergie obscure d'un désir universel, *Un* et démoniaque. Le héros de

Molière séduit sans doute, mais par un effet technique, par « un tour d'adresse » bien planifié et mûrement réfléchi. Aux dires de Søren Kierkegaard, le séducteur moliéresque n'a pas les attributs du Don Juan musical, pour qui la séduction est l'histoire d'un instant, d'un mouvement. Et si le héros de Mozart se sert de moyens techniques pour séduire, il les possède assez absolument pour ne plus avoir à s'en servir. Car si chacun de ses petits traits et de ses inclinaisons signifiantes servent de moyens pour parvenir à une fin, la victoire se traduit par l'évitement et la résistance à des obstacles qui n'ont de réalité que dans l'espace et le temps, qui peuvent devenir comiques si l'auteur le souhaite, mais qui ne sauraient traduire l'existence supérieure que cherche le Don Juan dans l'« évanouissement » du désir.

Partition autographe du *Don Giovanni* (1787-1788).

UN MESSIE DIABOLIQUE

L A SÉDUCTION USE DE BEAUCOUP de subtilités. Pour mieux comprendre un phénomène, un des plaisirs de l'être humain est d'unifier, de généraliser. Or, de cet excès de subtilités peuvent se dégager quelques caractéristiques de la séduction, mais non une recette à appliquer. Et c'est tant mieux, car les sentiments humains, quoique semblables d'un individu à l'autre, ne sont pas des mécanismes robotisés. La séduction est d'abord l'art de renouveler, d'impressionner et non de répéter : « Je vous aime, je vous aime, aimez-moi ! »

Ces traits essentiels se résument ainsi : vide, miroir, rôle, amour-propre, victime, déguisement, portrait, valet. D'un séducteur vide, il joue un rôle, s'applique à refléter l'amour-propre d'une certaine victime, parfois en s'aidant d'un valet, d'un déguisement, d'un portrait. La victime se reconnaît dans l'autre, s'absorbe en elle, s'en rend esclave et meurt quand l'autre disparaît. Mais comme l'a démontré Kierkegaard, il y a deux types de séducteur : l'un, talentueux dans l'usage de sa verve, trompeur aguerri, qui connaît les rouages du métier ; l'autre, inconstant, qui ne sait se définir lui-même et donner un sens à son existence qu'à travers l'autre, sa victime. Ses agissements se font d'eux-mêmes, un simple mouvement musical, et hop ! la proie tombe dans ses filets ; un désir réunit les deux êtres, mais bientôt le séducteur s'en trouve assouvi et part. C'est le Don

Juan en crise existentielle. Celui qui ne saurait vivre à l'intérieur d'une union stagnante, sacralisée par le mariage. Celui qui se sait vivre par l'autre, jusqu'au moment où l'autre lui a, existentiellement et esthétiquement, tout donné ; alors il repart, éternel retour de l'inconstance amoureuse. Car l'amour est dans le changement, dans la connaissance que procure la multiplication des objets du désir, de ces femmes de toute origine, qui ont toutes en commun les éléments d'un esprit d'unité. Unité, dirions-nous, du principe féminin et masculin, du *ying* et du *yang* de la tradition orientale. Unité dans le général et non le particulier qui cherche un engagement, trop souvent social, par le mariage. Mais son inconstance lui est aussi un piège. Car au moyen de l'éternel retour du nouveau qui le ramène vers le même, vers le principe de la féminité, Don Juan stabilise son inconstance. Il sait que d'*une*, il y en a une *autre* qui suit, il y du *même* renouvelé. L'inconstance se fait constance. Comment peut-il sortir de cette fuite qui le rattrape constamment, sachant qu'il n'est authentiquement *lui-même* que dans « l'évanouissement » de l'autre, dans sa « pénétration » et son « miroitement » ? Car, si ce qui le constitue en tant qu'être, c'est l'amas de souvenirs des autres, qu'il cultive au gré de la séduction renouvelée, la collection des amours-propres qu'il sollicite continuellement et dont il sait s'emparer pour mieux les restituer, imperfections en moins, si tout cela, qui le forme, venait à se briser ? Don Juan, comme une bouteille soufflée par l'existence de l'autre. Si cette bouteille, si son être ne supporte plus ces changements qui n'en sont plus, et si la mort, statufiée, vient le chercher... que restera-t-il de ce séducteur, qui n'était pas véritablement lui-même, mais homme du désir de ces dames, homme des défauts recueillis, améliorés et oubliés (pardonnés ?) des belles, qui en somme ne l'étaient peut-être pas en réalité, mais seulement dans une idéalité, dans l'esprit de leur féminité ? Sans doute Don Juan retourne-t-il dans l'unité primordiale, mais son chemin se dirige vers les Enfers, lieu secret du Démon, de ce serpent qui jadis recommandait à l'homme de partir à l'aventure de la connaissance. Don Juan, le moins que l'on puisse dire, cherchait, à travers les autres, le vide qu'il pressentait dans son être. Il aura quitté le monde, de sa personne marquée de ces milliers de femmes qui lui ont succombé, ou qui ont succombé dans le miroir qu'il recréait devant elles. Quelques victimes lui en auront voulu d'avoir promis ce qu'elles voulaient se faire promettre. C'est le cas d'Elvire. Mais celle-ci ne recherche qu'un dédommagement de son honneur qui n'a de valeur que terrestre, ou peu s'en faut. Don Juan s'est sacrifié. Il a fait souffrir des demoiselles, mais il leur a emprunté leur amour-propre, pour le remettre dans les lieux qui conviennent : les Enfers. Don Juan n'est pas sans vices, d'accord, mais pas tellement les siens, que ceux qu'il a empruntés, qui lui sont restés après une multitude de rencontres avec des dames particulièrement communes. Sa seule planche de salut chauffe en enfer. Don Juan quitte le monde par la brûlure, par la fusion de son être absolument mauvais. Il est le purificateur des péchés du monde, un envoyé du démon, messie des tentations interdites de l'amour. Il donne la paix.

BIBLIOGRAPHIE

ŒUVRES ÉTUDIÉES

KIERKEGAARD, Søren. *Le Journal du séducteur*, in *Ou bien...
ou bien...* Trad. par F. Prior et M.H. Guignot, Paris,
Gallimard, coll. « Tel », 1995, p.235-346.

_____. « Les étapes érotiques spontanées ou l'érotisme
musical », *ibidem,* p.39-105.

MARIVAUX. *Le Triomphe de l'amour*, in *Théâtre complet*, Paris,
Seuil, coll. « L'Intégrale », 1964, p.301-322.

MOLIÈRE. *Dom Juan ou le festin de pierre*, in *Œuvres complètes*,
t. II. Textes établis et annotés par Georges Couton, Paris,
Gallimard, « Bibliothèque de la Pléiade », 1971, p.1-85.

MOZART & DA PONTE. *Don Giovanni ossia il dissoluto punito*,
traduction française de Marc Gillod, Hambourg, Deutsche
Grammophon, Chamber orchestra of Europe, dir.
Claudio Abbado, 1997.

OUVRAGES CONSULTÉS

ADAM, Antoine. *Histoire de la littérature française au XVIIIe
siècle : L'apogée du siècle Boileau, Molière.* t. III, Paris, Domat,
1956.

BAUDRILLARD, Jean. *De la séduction*, Paris, Éditions
Galilée, 1979.

BÉNICHOU, Paul. *Morales du Grand Siècle*, Paris, Gallimard,
coll. « Bibliothèque des idées », 1948.

BORDERIE, Roger & RONSE, Henri (dir.). *Don Juan, Analyse d'un mythe.* Paris, Obliques 4 et 5, 1973-74.

BRUNEL, Pierre. *Dictionnaire de Don Juan*, Paris, Robert Laffont, coll. « Bouquins », 1999.

EVOLA, Julius. *Métaphysique du sexe*, Paris, Payot, coll. « Bibliothèque scientifique », 1959.

KRAUSS, Janine. *Le 'Dom Juan' de Molière : une libération*, Paris, A.G. Nizet, 1978.

OLENDER, Maurice & SOJCHER, Jacques (dir.). *La Séduction,* Paris, Aubier, « Les colloques de Bruxelles », 1980.

REICHLER, Claude. *La Diabolie, la séduction, la renardie, l'écriture*, Paris, Ed. de Minuit, coll. « Critique », 1979.

RILKE, Rainer Maria. « Promenade nocturne », *Œuvres poétiques et théâtrales*, Gallimard, « Bibliothèque de la Pléiade », 1997, p. 835.

ROSTAND, Edmond. *Cyrano de Bergerac*, Paris, Fasquelle, 1930.

————. *La Dernière Nuit de Don Juan*, Paris, Charpentier et Fasquelle, 1921.

ROUSSET, Jean. *L'Intérieur et l'extérieur*, Paris, José Corti, 1976.

————. *Le Mythe de Don Juan*, Paris, Armand Colin, 1978.

SOURCE DES ILLUSTRATIONS

TABLE DES MATIÈRES